Piedra de vigilia

Viviana Paletta

COLECCIÓN
LIBROS DE LA HOSPITALIDAD

PIEDRA DE VIGILIA

© Viviana Paletta
© Ilustración de portada y contraportada:
  David Gómez Cardenete
© de esta edición: Olé Libros, 2025

Colección dirigida por Viktor Gómez «Valentinos»

ISBN: 979-13-87951-02-3
Depósito legal: V-3809-2025
Impreso en España

KALOSINI, S. L.
Grupo editorial **olélibros**
equipo@olelibros.com
www.olelibros.com

A la memoria de mi padre, siempre.

Detrás de toda casa hay una casa perdida.
PASCAL QUIGNARD, *LAS HORAS FELICES*

El alba da la certeza del tiempo y de la luz.
MARÍA ZAMBRANO

¿Qué era lo que sé?
La del asombro entero
la quietud y el gesto sin rajadura
el sexo en ventolera.
¿Dónde las edades?
        ¿la electricidad de la voz?

Siempre el dolor
de sentir
que no se puede
            sentir
que nada se desbarata
que la vida engulle lo que toca
            lo que observa
            lo que miasma.

La libertad de arrebujarse
en el rincón
de una misma:
una seguidilla machacona
en el pecho
del alma.

De los ciegos a los mancos
caminamos en la más perfecta mudez.
Alcantarilla
de los pensamientos
que fuimos
sin retorno.

El dolor es el pasado
del dolor;
el funeral presente
es aquel al que asistimos
por primera vez
pero más hondo,
multitudinario.

No hay reparación
en el día del después,
solo escombrera
arcilla pulverizada
en las pupilas.
Adagio.

Memoria poética.
Pétalo sin sal entre las páginas
de un diario descoyuntado.
Así la forma silente
de las nubes.

Quién nos indicó mirar el cielo
de otra manera
detenerse en el hueco insalvable
que distancia una estrella de su par
una estrella de su propia muerte
incandescente.

Luz seminal
        señera.
        Semántica.

Vuelo es el topónimo
de este organismo.

Incandescencia de mar.
La ola hace lirios en su vientre.
Los vuelca en tránsito.
Afianza la luz.

Descubrir la voz del color grana,
su balbuceo.
La espalda del ángel
como un tabloide
clavada
a la cinta de las pantallas
sin interrupción.

El alba no viene de las constelaciones
surge de la tierra
de la riada viscosa
sobre la que hicimos pie.
Huellas dislocadas.

El ritmo oculto en el jadeo
del mar
líquido azulino que nos niebla
que decanta las horas
de su tinta negra.
Leche del alba.

Jaque al agua de tus pozos
al lirio endiablado
de tu sed.

Amapola morada
de tu voz
que salta de duelo en duelo.

Devota conmoción.
Rasguño
celeste.

Indagación del fondo
y de la cima.

Briznas de viento
de nieve imantada en el aire
de llanto
  gélido.

¿De qué muere el mar?
¿Trastabilla el aire?
¿Pierden el rumbo las mareas?

Encasquillado el destino
no surca el tiempo:
aguas quietas en el ojo del abismo.

Un mar insondable color jacinto
sin puertas al cielo
ni umbral
ni absolución.

Nadie caminará ahí
como bajo el aguacero
como si estuviese errado
o fuera apátrida.

Hay briznas en tu nombre.
Un día inmovilizado en la memoria
desencajada.

Negra leche
negra espina que mana de los ojos.
Honda hendidura.

El cuerpo como una plancha de estaño
donde chirría el punzón
hoja de dos dimensiones:
una vira al pasado, otra anticipa el futuro
en ella arremete el cincel, desgaja
desguaza cual ventisca.

Aleteamos sobre el vacío.
Nos fundimos en la nota discordante
del silencio, manchada de luz.

Todo el cuerpo es párpado
traslúcido al sol
que vibra como tela
que envuelve un candil.

Pez que late sin branquias a su calor
amputado fuego interior
que flamea por salir
e incendiar el hambre.

Erosionadas olas
tan extenuadas de volcarse
en su estupor
milenario.

Ausenciar la muerte
disgregar su pedrusco
al paso
devolver arenisca.

La casa de la poeta
guarda un velo
y un guijarro.

Espuma raída
manos sucias.

                    Branquinazco.
                    Pulmoneo.

No hay tanto desierto
para esta lengua
y su invocada mudez
        (que a sus alas quiebro).

He empezado a anochecer.
El sol agita sus rescoldos
entre los yuyos blancos del pelo
su viento helado.

No tengo sal en la lengua
para el amante.
Una única sentencia
en la ausencia de campo.

Somos estadística y desgracia.
Regamos el surco del tiempo con polvo.

El cielo tiene trazas de autopista
en su lívida oscuridad.
No habrá quien lo apague.

Encrespada la sortija de besos
que enreda la carne
que masticas con el pan del duelo.
Amuleto, ¿para qué?

No habrá qué lo encienda.
Despoblada la mirada
el tiempo está soldado a su vértigo
que añora
             prendado/prendido
                    por su fijeza.

Entrojar
el cuerpo y sus esquirlas.

Balbucea el mar, su simiente.
Estallido líquido.
Desierto arriba.
Huella, cuál.
                    Carne obrada viva.

Sostener la mirada del mundo
con la palma de los pies
erosionada
sin sombra.

Gramática futura de los cuerpos.

Vilo.

Esperanza de haber sido otra ahora
otra que me aguarda
y aferra su remembranza
       su víspera
       su avispero.

El dentro roto
y se vuelca.

                    Eras ido.

Y el tiempo se estrella
contra la evidencia
          sin borde.

Ausenciar la muerte
reducir su guijarro
de negrura.

Siempre doblegados
en las fauces
de otros.

Pensar es hablar con mis muertos.
El estupor tocado por el rayo.

No tiene osamenta el día venidero.

No hay don.

No hay encrucijada en la voz.
No es posible vadearla.
Como si tuviéramos un ahogado en la memoria:
un títere de junco echado al Tíber.

El pensamiento no camina
uncido al fuego de la supervivencia.

Dichoso palpitar de la lumbre en la nieve
un claro en el oleaje de las pantallas
burbuja de aire
                en la rompiente
mar océano que abrasa
al animal sumergido
en la palma de las manos.

Los sentidos
en su intemperie
que aletea
con la indecisión del agua
de olas que cabalgan
para envolvernos
en su secuencia nocturna.
Para desmantelar el mar
la percusión hueca de su corazón.

La casa está sentida
es un vacío delgado
minúsculo. Incoloro.

Son dedales de silencio
su vacío. Ranuras como chasquidos de luz.

Una de muchas. Una de todas.
Sentida como una estría profunda en la arteria.
Rasgueo de una vértebra
mudada en barro.
Hueso sin voz.
                    Sedimento.

Cuerpo es lo que has sido.

Tenemos la memoria
abonada de cadáveres
vorágine de huesos que resplandecen
(muda luz de pampa).

El ser vocifera como un árbol
merodeamos como humo las regiones:
somos el resto
temblón, mestizo.

Atragantados
levantamos arena del esclerótico asfalto;
sin fe, inofensivos
inoperantes.

La nieve no manifiesta
más que nieve
su adagio mudo y prodigioso:
hondura de sí
como bajo encantamiento.

Siempre sucede a la distancia.
Disemina su ausencia
buscando las facciones del agua.

Quién era yo cuando amaba
la sublevada
que aspiraba todo el aire
la enorme ventolera.

Quién sería
la que fuera
hacha de luz en el día.

Ahora
doblegada
siempre
entre las fauces de otros.

La noche se recuesta boca abajo
para contener el llanto.

Se derrumba la memoria.
Hace mímica:
ningún sonido
            hachada la voz.

Seguir el diario de un muerto
los días plegados sobre sí
en un instante continuo
lábil, cuajado con frío.

Camino un largo hermoso día
como Ronsard.

Solo permanece la muerte.
El alba siembra su pesar.

La luz se excede. No aguarda.

No habrá qué lo encienda.

ÍNDICE